baños actuales
modern bathrooms

autores / *authors*
Fernando de Haro & Omar Fuentes

diseño y producción editorial
editorial design & production
AM Editores S.A. de C.V.

dirección del proyecto / *project managers*
Carlos Herver Díaz, Ana Teresa Vázquez de la Mora
y Laura Mijares Castellá

coordinación / *coordination*
Ana Lydia Arcelus Cano, Cristina Gutiérrez Herce
y Alejandra Martínez-Báez Aldama

coordinación de preprensa / *prepress coordination*
José Luis de la Rosa Meléndez

texto original / *original text*
Abraham Orozco

traducción / *translation*
Aline Bénard Padilla

BAÑOS ACTUALES
MODERN BATHROOMS
© 2014
Fernando de Haro & Omar Fuentes
14 13 12 11 10 9 8 7 6 5 4 3 2 1

ISBN: 978-607-437-259-5

Ninguna parte de este libro puede ser reproducida, archivada o transmitida en forma alguna o mediante algún sistema, ya sea electrónico, mecánico o de fotorreproducción sin previa autorización de los editores.

No fragment of this book may be reproduced, stored or transmitted by any way or by any means or system, either electronic, mechanical or photographic without prior authorization from the publishers.

Publicado por **AM Editores S.A. de C.V.**
Paseo de Tamarindos No.400 B suite 109,
Col. Bosques de las Lomas C.P. 05120,
México D.F.
Tel. 52(55) 5258-0279
E-mail: ame@ameditores.com
www.ameditores.com

Publicado por **Númen**, un sello editorial
de Advanced Marketing S. de R.L. de C.V.
Calzada San Francisco Cuautlalpan No.102
Bodega "D", Col. San Francisco Cuautlalpan,
C.P. 53569, Naucalpan de Juárez,
Estado de México.

Impreso en China. *Printed in China.*

Contenido • *Contents*

Modernos
Modern

Eclécticos
Eclectic

Minimalistas
Minimalist

6

22

40

Modernos
Modern

El baño moderno se adapta a las máximas exigencias de los usuarios. Ha dejado ser una habitación oculta para convertirse en un espacio que, en muchas ocasiones, se equipa con una intención decorativa. Puede resolverse en amplias habitaciones con zonas bien delimitadas o en pequeños cuartos con soluciones muy prácticas; sus materiales y revestimientos son muy atractivos y resistentes, con muebles innovadores que aprovechan los avances tecnológicos. Un sitio propio, bello y reconfortante, que desempeña adecuadamente su función sin perder intimidad.

Modern bathrooms adapt to the pickiest demands of users. They have ceased to function as a hidden room to turn into a space in which, many times, intentional decorations can be found. These can be broad rooms with well delimited areas or small places with very practical solutions. Their materials and overlays are highly attractive and resistant, with innovative furniture that makes the most out of technologic development. It is a personal, beautiful and comforting place that works adequately without losing intimacy.

Eclécticos
Eclectic

Es muy difícil clasificar los baños que se proyectan en la actualidad, porque incluso aquellos dotados de una personalidad definida se inspiran en algún estilo decorativo, ya sea mediante detalles en el mobiliario o por los materiales elegidos para revestir suelos y paredes. Un baño ecléctico intenta huir de catalogaciones inspiradas en el pasado o de concepciones muy actuales y vanguardistas, y opta por asumir un carácter original, donde incorpora lo más conveniente de cada una de las tendencias.

It is very difficult to classify bathrooms through projections of modernity, for even those endowed with a defined personality are inspired by a decorative style, whether through details in furniture or the materials chosen to cover floors and walls. An eclectic bathroom tries to shun classifications inspired by the past, or any modern or avant-garde conceptions, and chooses to assume an original identity in which the most convenient features of each tendency are combined.

Minimalistas
Minimalist

Cuando se habla de minimalismo no siempre se trata de habitaciones pequeñas que necesitan aprovechar metros, sino también de estancias amplias pero que incorporan el mínimo mobiliario para conseguir un espacio limpio y sin ornamentos. Baños con muy pocos elementos, apenas los imprescindibles, pero modernos, muy prácticos y de alta tecnología, que dan prioridad al descanso. El secreto de su atractivo está en su concepto estético: formas cuidadas y limpias, transparentes y luminosas, grandes ventanas abiertas a la luz y al paisaje, maderas oscuras, piedras naturales o incluso materiales muy en boga y sobre todo con excelente iluminación.

When we talk about minimalism, it is not always about small rooms that need to make the most out of available space, but broad indoor spaces containing the minimal amount of furniture in order to achieve clean and austere spaces. Such as bathrooms with very few items, barely the essentials, which are also modern, very practical and incorporate leading technology, making its priority the relaxation. The secret to their appeal lies within their aesthetic concept: clean and well kept shapes, transparent and luminous, big open windows shedding light and landscape, dark woods, natural stones or even fashionable materials, but mostly, excellent illumination.

Pg.	ARQUITECTOS *architects*	FOTÓGRAFOS *photographers*
3	Eduardo Reims y Jorge Reims	Ricardo Janet
6 - 7	Fernando de Haro, Jesús Fernández, Omar Fuentes y Bertha Figueroa	Jorge Silva
9	Guillermo Almazán Cueto, Guillermo Suárez Almazán y Dirk Thurmer Franssen	Pedro Hiriart
10 - 13		© Beta-Plus Publishing
14 - 15	Elena Talavera y Óscar González	Cecilia del Olmo
16 - 17		© Beta-Plus Publishing
18 - 19	Fernando de Haro, Jesús Fernández, Omar Fuentes y Bertha Figueroa	Jorge Silva
20 - 23		© Beta-Plus Publishing
25	Elías Rizo S. y Alejandro Rizo S.	Marcos García
26 - 27		© Beta-Plus Publishing
28 - 29	Andrés Saavedra	Leonardo Palafox
30	Flavio Velázquez	Carlos Medina Vega
31	Robert Duarte y Vanessa Patiño	Héctor Velasco Facio
32 - 33		© Beta-Plus Publishing
34 - 35	Elías Kababie	Allen Vallejo
36	Olga Mussali y Sarah Mizrahi	Alfonso de Béjar
37	Olga Mussali y Sarah Mizrahi	Mariela Sancari
38 - 41		© Beta-Plus Publishing
42 arriba / *top*	Ricardo Agraz	Mito Covarrubias
42 abajo / *bottom*		© Beta-Plus Publishing
44 - 45		© Beta-Plus Publishing
46 - 47	Axel Duhart	ADP

Pg.	**ARQUITECTOS** *architects*	**FOTÓGRAFOS** *photographers*
48 - 49	Elías Rizo S. y Alejandro Rizo S.	Marcos García
50 - 51	Axel Duhart	ADP
52 - 55		© Beta-Plus Publishing
56 - 57	Elías Rizo S. y Alejandro Rizo S.	Marcos García
58 - 60	Axel Duhart	ADP
61	Eduardo Reims y Jorge Reims	Ricardo Janet